कुछ विहान सा

कीर्ति प्रसाद 'आरोही'

BlueRose ONE
Stories Matter

© **Kirti Prasad Aarohi 2023**

All rights reserved

All rights reserved by author. No part of this publication may be reproduced, stored in a retrieval system or transmitted in any form or by any means, electronic, mechanical, photocopying, recording or otherwise, without the prior permission of the author.

Although every precaution has been taken to verify the accuracy of the information contained herein, the author and publisher assume no responsibility for any errors or omissions. No liability is assumed for damages that may result from the use of information contained within.

First Published in February 2023

ISBN: 978-93-5741-028-1

BLUEROSE PUBLISHERS
www.BlueRoseONE.com
info@bluerosepublishers.com
+91 8882 898 898

Cover Design:
Aman Sharma

Typographic Design:
Namrata Saini

Distributed by: BlueRose, Amazon, Flipkart

अनुक्रमणिका

विहान

मेरी जमीन, मेरा आसमान हो
        हाँ, तुम मेरे विहान हो
मासूम हो, नादान हो
        हाँ तुम मेरे विहान हो
हो तो मेरा ही अंश, लेकिन
        मैं स्थिर और तुम गतिमान हो
टिका है तुम पर ही सब कुछ मेरा
        मेरी दुनिया, मेरा जहान हो
मेरी जमीन मेरा आसमान हो
        हाँ, तुम मेरे विहान हो।

चाँद

घने अंधेरे में टिमटिमाता हुआ चाँद,

सब तारों से अलग, मुस्कुराता हुआ चाँद।

काले से आसमान पर, जैसे है वो अकेला,

तन्हाई में भी खुश है, जगमगाता हुआ चाँद।

किरणों से उसकी, नदी की धारा चमकती है।

तन्हाई के सागर में, चाँद एक कश्ती है।

लगता है जैसे, सपनों में है खोया,

प्यार भरा गीत, गुनगुनाता हुआ चाँद।

उसकी रोशनी में, नहाई है ये जमीं।

खूबसूरती में उसकी, नहीं कोई कमीं।

कितना है अनोखा, कितना है निराला,

शब के फलक को, सजाता हुआ चाँद।

आँसू

न रोको आँसुओं को तुम,
बहने दो इन्हें।
न दिल के आशियाने में,
रहने दो इन्हें।
जब भी उमड़े, आँसुओं का बाढ़,
न बांधो इसे बन्धन में।
बहते आँसू होते हैं फूल
मन के उपवन में।
जब होता है प्रवाहित आँखों से,
आँसुओं का झरना।
तब ही कोई इन्सान,
सीखता है हँसना।
दिल से गमों को हटाने का,
आँसू होते हैं बहाना।
दिल में रोशनी जलाकर ये,
बना देते हैं ताराना।

बदनसीब

मन की वीरान और अंधेरी राहों में,
उम्मीद की एक रोशनी थी।
रोशनी चमक तो रही थी मगर,
राहें बड़ी डरावनी थी।
और राही उन पे ये सोच के चल रहा था,
कि मंजिल करीब है।
वो क्या जानता था कि उसको नहीं,
मंज़िल नसीब है।
उठते–गिरते, उलझते–सुलझते,
सारी राहें पार कर गया था।
जब अन्त समय आया, तो देखा,
वो तो वहीं है, जहाँ से चला था।

(मेरी ये कविता 'सौरभ' में प्रकाशित हुई है।)

जिन्दगी

आता नहीं समझ में,
	ये जिन्दगी है क्या?
जो पूछुँ ये सवाल,
	तो चुप है आसमां।
उलझा हुआ है दिल ये,
	खामोश है फिज़ा।
रह–रह के तड़पा है दिल,
	गमों के दरमियां।
कैसे करूँ पार,
	जीवन का काफिला।
कुछ तो सलाह दे तू,
	ऐ मेरे खुदा।
चढ़ गया है मुझपे,
	गमों का ये नशा।
मौत और मेरे बीच,
	लम्बा है फासला।
लगता है मुझे जीवन,
	एक गमों का दरिया।
डूबने से बचा ले,
	ऐ चंचल हवा।
(मेरी ये कविता 'सौरभ' में प्रकाशित हुई है।)

तड़प

फलक में तारे हजार होंगे,
  मेरे दिल में यादों की बहार होगी।
ऐसे मुझे तड़पाया है तुमने,
  मेरी रूह बीमार होगी।
मेरे दिल के आशियाने में,
  लाखों हजारों सपने थे।
मुझे तो यूँ लगता रहा,
  कि तुम मेरे अपने थे।
पर ख्वाबों की दुनिया से,
  जब तुमने जगाया।
अंधेरा ही अंधेरा,
  मुझे नज़र आया।
अश्क की वो बूँद हूँ मैं,
  जिसका कोई सहारा नहीं।
जिसे जिन्दगी ने मारा है,
  मौत ने मारा नहीं।

(मेरी ये कविता 'सौरभ' में प्रकाशित हुई है।)

रवि की किरणें

ओ रवि की किरणों,
> कर दो मन के अंधेरे का नाश।
ये अंधेरा वो अज्ञान है,
> जो करता है मुझे निराश।
मुझे दे दो वो रोशनी,
> जो ज्ञान का दे आभास।
ऐसी प्रभा की है मुझको,
> न जाने कब से तलाश।
ज्ञान का जला दो दीप,
> और फैला दो प्रकाश,
खिलने लगे जिससे,
> मन के बाग में पलाश।
सुखद् लगे जीवन,
> बाँहो में हो आकाश।
दे दो मुझे दीप्ति,
> जो मन में भर दे आस।

(मेरी ये कविता 'सौरभ' में प्रकाशित हुई है।)

पल भर में कट जाएगी शब

पल भर में कट जाएगी शब,
　　　सोचा न था।
आओगे ज़िन्दगी में अब,
　　　सोचा न था।
तुम आए तो जैसे कश्ती को किनारा मिल गया।
　　　मेहरबाँ हो जाएगा रब, सोचा न था।
प्यारे लगेंगे इतने फूल सब, सोचा न था।
　　　कहने लगेंगे दिल की बात लब, सोचा न था।
अब तक तो दिल पे कोई, बोझ न था।
　　　प्यार के भार तले, दिल जाएगा दब, सोचा न था।

दर्द

दर्द की भट्टी में तपकर, पिघल से गये हैं हम।
दिल की चिकनी राहो में, फिसल से गए हैं हम।
समेटे हुए हैं दिल में, भूली बिसरी यादें।
इन्हीं यादो से तो मचल से गए हैं हम।
मिली है जब से गम की बहार, बदल से गए हैं हम।
गम की आग ने घेरा है, जल से गए हैं हम।
देख रहे हैं अब हम, राह मौत की।
जिन्दगी के इन लम्हों में, गल से गए हैं हम।

मौसम

खिल रहे हैं गुल, गा रही है हवा।

मैंने पूछा फिज़ा से, ये तुम्हें क्या हुआ?

उसने हंसकर मुझको, दिया ये जवाब –

बारिश का है मौसम, क्या तुम्हें नहीं पता?

सूरज की रोशनी को, बादलों ने घेरा है।

चारों ओर मेरे, एक उजला सा अंधेरा है।

हवा की रुख में, प्यार भरा नग्मा है।

दिल के मकानों में, खुशियों का डेरा है।

पानी की नन्हीं बूँदे, और काले–काले बादल,

लगते हैं कितने सुन्दर, आँखों का, कहे, काजल।

आसमां की चमकती बिजली और ये हवायें।

कर रहा है दिल ये, हल्की–हल्की हलचल।

ताज़गी भरी हवाओं में, उम्मीद का एहसास है।

बारिश का सर्द पानी, अब तो मेरे पास है।

पानी में भीगे हुए, गुलाबों ने ये कहा –

लगता है अब तो मौसम का, मिजाज कुछ खास है।

हसरत

आओ बनाएँ एक नया जहां,

जहाँ खुशबू हो हवाओ में,

और गीत हो घटाओ में।

आओ बनाएँ एक खुला आसमां,

जिसकी कशिश हो अदाओं में,

और रंग हो फिज़ाओं में।

आओ बनाएँ एक ऐसी सीमा जहाँ,

हँसता न हो कोई दूसरों की कराहों में,

और भटकता न हो राहों में।

आओ बने एक ऐसा इंसां,

जिसकी प्यार हो दो बाँहो में,

और रहम हो दो आँखों में।

प्रकृति

प्रकृति के सौन्दर्य की,
                परिभाषा नहीं है।
रहूँ प्रकृति के साथ सदा,
                मेरी अभिलाषा यही है।
सूर्य की कोमल धूप,
                और शशि का प्रकाश,
लगते हैं मुझे अच्छे,
                सघन वनों में पलाश।
दिखे ना जिसका छोर,
                ऐसा है ये आकाश,
जिसकी ऊँचाई सर्वोपरि,
                जिसे देख भूलूँ विषाद।
झील की रंगीन लहरें,
                मानो कुछ कह रही हों,
मानो रवि की किरणों की जलन,
                निश्चित होके सह रही हों।
इन काले बादलों की,
                है अनोखी काया।
भूमि की हरियाली,
                लगे ईश्वर की छाया।
कर देता है दीवाना,
                ओस से ढके पर्वतों का आकर्षण।

सरसों के खेतों में पीले प्रसून,
        लगे धरती का आभूषण।
सांध्यकाल में प्रवाहित होता हुआ सागर,
        और पश्चिम दिशा में फैली लालिमा,
अद्भुत है ये प्रकृति जिसमें,
        है रात की कजरारी कालिमा।

मौसम की बेरूखी

गर्म दुपहरी में कौंए की आवाज!

    क्या वजह हुई, फिज़ा है मुझसे नाराज़?

हवा के झरोखे, लाते हैं घुटन।

    लगता नहीं अच्छा, मौसम का मिजाज़।

बन गया है बेदर्द, चमकता आफताब।

    लग गए हैं मुरझाने, अब तो खिले गुलाब।

हो गया है अब तो, सोना भी मुश्किल,

    आए कहाँ से फिर, हसीन ख्वाब?

मौसम ये सताये, होके खफा,

    न जाने क्या हुई, मुझसे खता।

वजह बता दे, ये अपनी बेरुखी की,

    करता भी तो नहीं है, शिकवा – गिला।

चुरा के लायेंगे

चुरा के लायेंगे आसमां से तारों को।

भर लेंगे बाँहो में बेचैन बहारों को।

कभी जो तड़पे, याद में आपकी,

कर लेंगे याद, हम उन नज़ारों को।

गुम गए सागर में हम, देखा नहीं किनारो को।

बस आपका ख्याल है अब, भुला दिया सब यारों को।

भटक – भटक के दर – दर, खाई ठोकरे हमने,

रह गए ढूँढते हम सहारों को।

खौफ

बहती दरिया को धूप में जलते देख, डर लगता है,

कहीं मैं भी गमों की धूप में न जल जाऊँ।

दरिया को धूप में रंगे देख डर लगता है,

कहीं मैं भी गम के रंगो में न रंग जाऊँ।

जब देखती हूँ बादलों का बरसता पानी,

जब देखती हूँ अमावस की रात शबनमी,

सोचती हूँ कि कहीं जिन्दगी में ऐसी रात न हो।

जब अंधियारी गलियों से कोई अंधा गुज़रता है,

सोचती हूँ मैं कि मेरी जिन्दगी में ऐसा अंधेरा न हो।

जब कोई बच्चा भूख के मारे रोता है, बिलखता है,

सोचती हूँ कि ज़िन्दगी के आँगन में मौत का बसेरा न हो।

जो देखूँ कभी मैं गर्म सुनसान सड़को को,

सोचूँ कि कहीं जिन्दगी ऐसी वीरान न हो।

जो देखूँ कभी मैं उदास गमगीन फिज़ाओं को,

सोचूँ कि कहीं जिन्दगी एक शमशान न हो।

जब देखती हूँ फूलों को धूप में मुरझाते मैं, सोचती हूँ

कि कहीं खुशियों के कुसुम भी न मुरझा जाएँ।

जब देखती हूँ जानवरों को जालो में उलझे मैं,

सोचती हूँ,

कि कहीं जिन्दगी भी दुःखों से न उलझ जाए।

कहीं मौत न हो मेरी, इन बातों के खौफ से,

ये डर भी मेरे दिल में रहता है।

कहीं यही सब सोचकर जिन्दगी न गुज़ार दूँ
मेरा डर, डरके मुझसे कहता है।

वास्तविक दिवाली

चलो एक आशा का दीप जलाएँ।

दिवाली को वास्तविक दिवाली बनाएँ।

दीप महज रूई के टुकड़े पे जलती हुई ज्योति ही नहीं,

बल्कि दिलों में उत्साह लगाने वाली प्रीति भी है।

क्यों न हम दीप का अर्थ समझें और समझाएँ।

अमावस्या के घुप्प अंधेरे में भी, ये दीप रोशनी फैलाते हैं।

निराशाओं में भी है आशा छुपी, ये दीप हमें बताते हैं।

हम रूई की फाँहो को दीयों पर सजाते हैं,

पर ये दीये तो हमारे दिल की बाती से जलते और अंधेरा मिटाते हैं।

रूई के फाँहों को सजाने के साथ, हम अपने दिलों को सजाएँ।

दिवाली को वास्तविक दिवाली बनाएँ।

हम दिवाली पर, पड़ोसियों को मिठाई बाँटते हैं।

पर मन में कहीं, उन्हीं से कन्नी काटते हैं।

ये क्यों नहीं समझ पाते कि पड़ोसियों का मन

मिठाई का भूखा नहीं बल्कि प्रेम का भूखा है,

अपनेपन का भूखा है।

इस बार मिठाई के साथ, हम पड़ोसियो को प्रेम खिलाएँ।

दिवाली को वास्तविक दिवाली बनाएँ।

दिवाली की रात, हम लक्ष्मी पूजा करके खेलने जाते हैं, जुआ।

और बदले में क्या मिलता है, अक्सर गरीबी का धुआँ।

हरे – हरे नोट देखकर मन ललचाता है, और नोट पाने को
जी मचल आता है इसलिए शायद कदम बढ़ते हैं,
और पहुँच जाते हैं बर्बादी के उस मोड़ पर,
जहाँ इन्सान हैवान बन जाता है।
इस बार दिवाली पर, हम इस कुप्रथा को मिटाएँ।
दिवाली को वास्तविक दिवाली बनाएँ।
भूल के सारे शिकवे – गिले, लोगों के हम गले लगें।
बरसो से बंद आँखें जो खोलें, तो प्रेम के सुमन
खिलने लगे।
प्रेम, दया, स्नेह नहीं, मन में दूसरों के लिए ईर्ष्या है।
इस ईर्ष्या के जाल में, हर आदमी फंस गया है।
इस ईर्ष्या से जल–भुन कर, हम अपना ही बुरा करते हैं।
क्या है उसके पास – सोचकर, अंदर ही अंदर मरते हैं।
इस बार ईर्ष्या नामक आग को, स्नेह के पानी से बुझाएँ।
दिवाली को वास्तविक दिवाली बनाएँ।

वतन

हलचल कर रहा है दिल,

    लग रही है मुझे घुटन सी।

कहाँ मिलेगी मुझे खुशबू

    अपने वतन सी।

दूर हूँ उससे मैं,

    याद आती है अपने चमन की।

मेरा देश ओढ़े है, सुन्दरता

    इस विशाल गगन की।

खिलते हैं फूल निराले वहाँ,

    और गाते हैं, पंछी अलबेले।

जगह – जगह लगते हैं वहाँ,

    प्यार और खुशी के मेले।

चंचल हवा वहाँ की,

    उड़ते गीतों के संग खेले,

उड़ते गीत तरंगो को,

    अपनी बाँहो मे ले लें।

हर मौसम में सजा है,

    वो कुदरत के नज़ारों से।

जागती है खुशी की लहरें वहाँ,

    प्यार की बौछारों से।

हर घर वहाँ चमकता है,

    झिलमिल सितारों से।

वो कौन सा है देश,
        कोई पूछे इन बहारों से।
प्यार की है धरती,
        प्यार का आसमां
वो देश है निराला,
        कहे ये हवा।
रोशन हैं जहाँ राहें,
        और गाता है गुलिस्ताँ,
वो और क्या हो सकता है,
        छोड़ हिंदुस्ताँ।

हसरतें

दिल की तमन्नाओं को कैसे अंजाम दूँ।

    दिल में जो हसरत है, उसे क्या नाम दूँ।

मन की प्यास तो मेरी पूरी नहीं होती।

    खाली गिलास में फिर, क्या जाम भरूँ।

ख्वाहिश एक नहीं, हजारों हैं मन में।

    बस गया हो कोई, जैसे मेरी धड़कन में।

हसरतों के सागर में डूब सी गई हूँ।

    अजीब सी कशिश है, रिश्तों के बंधन में।

ये बहती हवाएँ, ये रंगीन फ़िज़ाएँ – क्यों लगती हैं अधूरी।

    क्या बताऊँ, कैसे समझाऊँ क्या है मेरी मजबूरी।

इस हंसी समा ने मुझे और भी तन्हा कर दिया है।

    एक भी तमन्ना मेरी, होती नहीं पूरी।

टूटता है दिल जब भी, तो बहती हैं अश्कों की नदियाँ।

    समझ नहीं आता, क्या है मुझमें कमियाँ।

बहार का मौसम है, हर फूल हंस रहा है।

    सिकुड़ी हुई हैं अब तक, मेरे दिल की कलियाँ।

ये लोग

यूँ ही आपस में मरते, जा रहे हैं लोग।

इंसानियत का कत्ल करते जा रहे हैं लोग।

बेशक कोई औकात नहीं हैवानियत की है,

हैवानियत से फिर भी डरते जा रहे हैं लोग।

खोद रहे अपनी ही कब्र, क्या कर रहे हैं लोग?

खोता जा रहा है सब्र, बेअक्ल हैं ये लोग।

वैसे तो है मन प्यासा, हर इंसान का।

बना रहे हैं खूं के अब्र, कैसे हैं ये लोग?

समझाया बहुत खुदा न, माने नहीं ये लोग।

इंसानियत का मोल, जाने माने नहीं ये लोग।

वो नदी नहीं मिलती, साफ पानी हो जिसमें।

अब खूं की नदियाँ, बहाने लगे हैं लोग।

दुनिया का अन्त अब, करीब नज़र आता है।

देख के लोगों के सितम, खुदा भी डर जाता है।

अब तो खुदा, तू ही कुछ कमाल कर।

वर्ना तुझे ही मारने के बहाने, बनाने लगेंगे लोग।

दिल

दिल अश्क का दरिया है।

दिल पगला परिंदा है।

एक सपनों की दुनिया है दिल।

एहसासों की नैय्या है दिल।

उम्मीदों के सफर में एक राही है दिल।

इस राही का रस्ता है बड़ा मुश्किल।

जुल्मी तन्हाईयों में, ये राही कर दे पागल।

ये राही भी बरसे, जैसे बरसे बादल।

दिल के दामन से उड़ के आती हैं हसरतें।

दिल ने किया पागल, मैं सोऊँ बदल करवटें।

हर पल एक नया एहसास, जकड़ता है दिल को बाँहो में।

करती हूँ दिल से बातें, मैं तन्हा राहों में।

ये दिल न किसी की माना है, न मानेगा।

दुनिया है कितनी बेवफा न जानेगा।

करता है मनमानी, ये मानता नहीं।

बेवफा हर कोई, ये जानता नहीं।

गाँव

शाम के छ: बज रहे हैं।
      अंधियारा छा रहा होगा।
नदी के तट पर ढलता हुआ सूरज,
      कोई गीत गा रहा होगा।
सकरी सी गलियों में,
      बच्चे खेलते होंगे।
अंधेरे के काले साये,
      गाँव को घेरते होंगे।
जब रात अंधेरी आएगी
      तो ढबरियाँ जलेंगी।
फिर खाना बनाने के लिए
      आँगनों में सिगड़ियाँ जलेंगी।
गरम – गरम रोटियों की महक,
      सारे घर को महाकायेंगी।
घर के छोटे बच्चों को फिर
      भूख लग आयेगी।
ऐसे ही फिर रात गुज़र जाएगी।
      पहाड़ी के उस पार लालिमा छाएगी।
औरतें जाएंगी पनघट की ओर।
      आम के पेड़ पर कोयल गाएगी।
मुझे अपने बचपन का,
      हर एक लम्हा याद है।

नदी किनारे बैठे रहना

तन्हा – तन्हा याद है।

पर अब उस गाँव की जिन्दगी का मजा,

मेरी किस्मत में कहाँ है।

अब तो इस किस्मत में केवल,

यादों के सहारे जीना लिखा है।

लम्हे – लम्हे में बँटी ये जिन्दगी

लम्हे – लम्हे में बँटी ये जिन्दगी,

  न जाने किस रुख पे मुझे ले जाती है।

कभी हँसती, कभी गाती, कभी उदास,

  कभी चंचल, तो कभी गमगीन हुई जाती है।

हर एक खुशी के पीछे भी मुझे,

  गम का एहसास होता है।

ऐसा क्यों होता है कि खुशी ही में रुलाती है।

  यूँ लगता है कि खुशी के पीछे,

एक बहुत बड़ा दर्द छुपा है।

  दर्द के साये में मेरी खुशी,

छोटी हो खो जाती है।

  लम्हे – लम्हे में बँटी ये जिन्दगी,

न जाने किस रुख पे मुझे ले जाती है।

  जीवन के विशाल भँवर में,

मैं कैसे लड़ूँ हालातों से?

  मुट्टी से फिसलते रेत की तरह,

मेरी आत्मिक शक्ति खो जाती है।

  बहुत कोशिशें की मैंने, फलक के एक टुकड़े को पाने की।

टुकड़ा मिले भी तो मेरी रूह, भागने को घबराती है।

  लम्हे – लम्हे में बँटी ये जिन्दगी,

न जाने किस रुख पे मुझे ले जाती है।

मैं चाहती हूँ

अठखेलियाँ करते हुए बादल।

       मुझे भर लो अपनी आगोश में।

मैं तुम्हारी तरह ही झूमना चाहती हूँ।

       माना की है दुनिया,

ये बड़ी खतरनाक,

       पर मैं तुम्हारी तरह ही घूमना चाहती हूँ।

मुझे बना दो,

       अपनी ही तरह पागल,

फलक की ऊँचाईयाँ, मैं चूमना चाहती हूँ।

       हालातों के दायरे —

ये मैं नहीं समझती,

       मैं तो बस अपनी मंजिल ढूँढना चाहती हूँ।

अठखेलियाँ करते हुए बादल।

       मुझे भर लो अपनी आगोश में।

मैं तुम्हारी तरह ही झूमना चाहती हूँ।

       मैं उड़ना चाहती हूँ उस परिंदे की तरह

जिसके पर आसमाँ को घेर लेते हैं।

       बगीचों में जाकर, फूलों की खुशबू को सूँघना चाहती हूँ।

जी लेना चाहती हूँ मैं,

       जिन्दगी के हर एक पहल को,

बंद करके मुट्ठी में, उदासियों को फूँकना चाहती हूँ।

       मैं नहीं मानती इन झूठे बंधनो को।

थोपे गए नियमों से जूझना चाहती हूँ।
इस खुशगवार मौसम में,
सपने तैरने लगे हैं आँखों में।
"कहाँ से मिली है ये मुस्काती हुई शक्ल?"
गुलाबो से मैं ये पूछना चाहती हूँ।
अठखेलियाँ करते हुए बादल।
मुझे भर लो अपनी आगोश में।
मैं तुम्हारी तरह ही झूमना चाहती हूँ।

जुदाई

गम की आंधी मन को झिंझोड़ जाती है।
नफरत की एक बात दिल को तोड़ जाती है।
क्या बताएँ, क्या बीतती है दिल पे,
जब कोई लड़की सपनों को अधूरा छोड़ जाती है।
हर शाम, उदासी ओढ़ आती है।
दिवा मुझे तन्हाई की ओर मोड़ जाती है।
प्यार की एहमियत, मैं तुम्हें क्या बताऊँ,
कमी प्यार की, दिल तोड़ जाती है।
करते हैं सभी ऊषा का स्वागत,
मेरे लिए तो दर्द का गुबार लिए भोर आती है।
जीवन में कुछ बनने, मैं आई थी शहर में।
अब याद मेरे अपनों की झकझोर जाती है।

(इस कविता को मैंने क्लास में बैठे – बैठे घर की याद में लिखा था।)

मेरा घर

मेरे जीवन के अंधियारे में,
खुशियों की कोई भोर नहीं है।
डूब रही हूँ मैं सागर में,
सागर का कोई छोर नहीं है।
मुझे अपनों से करके जुदा,
तुमको क्या मिलेगा खुदा।
ख्वाब बिना ये रात आई है।
सावन है पर मोर नहीं है।
मेरी आँखो के आँसू ये,
देखो तुमसे क्या कहते हैं।
"मुझको मेरा घर तुम दे दो,
ख्वाहिश कोई और नहीं है।"

(इस कविता को भी मैंने क्लास में बैठे – बैठे घर की याद में लिखा था।)

खुशियाँ मेरा अतीत

ये कैसी है मजबूरी,

ये कैसी तपन है।

समय को वापस लाने का,

आज फिर से मन है।

खुशी के मोतियों की,

माला पिरोई नहीं जाती।

जीवन के खेत में,

खुशियाँ बोई नहीं जाती।

चूस लिया है दुःखों ने,

देह का रक्त।

मैं बैठी हूँ मौन धारण किए,

मूरत सी, अभिशप्त।

शून्य को निहारती ये मेरी आँखे,

जैसे अंधी हो गई है।

खुशियों को देख नहीं पातीं,

निराशा की बंदी हो गई है।

ये समय क्यों चल रहा है रुक – रुक के?

क्यों धरा खामोश है?

शायद समय के भँवर में मेरे लिए

उफनता हुआ आक्रोश है

खाली – खाली सा है मन
		और बनावटी सी हँसी है।
खुशियों की क्या मिन्नत माँगू?
		मेरी खुशियाँ तो चल बसी हैं।
होती जा रही हूँ मैं
		दिन – ब – दिन खोखली।
बेलौस है ये मौसम क्यों?
		हवा भी है जली – जली।
जिसकी मैं प्रतीक्षा कर रही हूँ
		वो खुशियाँ मेरा अतीत हो गई हैं।
उदासी और खामोशी ही रह गई है
		मेरे जीवन की प्रीत खो गई है।

सुबह का सितारा

न कुछ और हम माँगे तुझसे
	माँगे आत्मा की चंगाई।
दुविधा में हम पड़े हुए हैं
	आगे कुआँ, पीछे खाई।
ऐ सुबह के तारे ! ऐ निष्कलंक मेमने।
	आए हैं तेरे द्वार, तेरा प्यार देखने।
करने तेरी आराधना, करने हृदय को शुद्ध,
	आए हैं तेरे द्वार, दिल से पाप फेंकने।
हो सकें तो कर लेना, तू हमें स्वीकार
	झुकाएँ अपना शीश, तेरे सामने सौ बार।
हे मेरे यीशू ! मेरे उद्धारकर्ता ! सुनके तेरा नाम।
	हिले दिल का हर एक तार।

प्रकृति की गोद

गुनगुनी रश्मियों के चकत्तो में

स्वयं को लिपटा पाकर, ये कैसा सुकुन मिलता है।
फाँद कर शिखरों को आसमां तक पहुँचने का, ये कैसा जुनून
होता है।

पुष्पों की मुस्कान को अधरों पर सजाने का क्यों मन
हो रहा है।
झरनों के शीत पानी में नखशिखांत नहाने का क्यों मन हो
रहा है।

सौम्यता व शांति से ये चाँद है चमकता सा
और ये पवन है, अशांत व झिझकता सा।

मधुर कलख में आकण्ठ डूबकर, ये मैं कहाँ आ गई हूँ?
शायद कनक सा सुनहरा, कोई गीत गा रही हूँ।

हिम से ढँके रजत शिखरों पर चढ़ जाऊँ क्या?
नीले से इस व्योम के मार्ग पर, बढ़ जाऊ क्या?

क्या करूँ मैं तारों से खेल,
या देखूँ बलखाती रेल?

मैं गहन लताओं के बीच विचरती, अपलक निहारती
वृक्षों को,
माँगती हूँ मनौती कि मिल जाए मुझे प्रकृति की गोद।

थकी-बुझी सी जिंदगी

थकी–बुझी सी ये जिन्दगी, न जाने कब तक और चलना है।

गम की झूलसती आग में, न जाने कब तक जलना है।

ओस के घने धुंधलके में, जीवन धुंधला सा हुआ जाता है।

गहरे ज़ख़्मों से घायल होकर, मन रो–रोकर कराहता है।

दर्द भरा है हर पल और शाम भी उदास है।

आँखों में नमी है, रोती – रोती सी हर साँस है।

पड़े हुए हैं बोझ बहुत और जरा सा भी जोर नहीं।

गुम हो गई है गहवर में, खुशियों की हिलोर नई।

कैसे बाँधू हिम्मत, कैसे खुद को समझाऊँ?

ताकत नहीं जरा भी, कैसे भाार ये उठाऊँ

भाग्य के आक्रोश को सहकर भी, न कभी मेरी आस्था डोले।

मेरा पिता मेरे साथ है, मेरा मन सदा यही बोले।

ऐ पिता ! देना सामर्थ्य कि जीवन में ऐसा ही हो।

स्तुति करूँ तेरी सदा, समय चाहे जैसा भी हो।

जीवन का हर पल

आँखों से छलकता पानी, अपनी ही कहानी सुनाता है।
जीवन का हर पल, हाय ! कितना मुझे रुलाता है।
गुज़र गए वे दिन सुनहरे अस्त हुआ खुशियों का सूरज
रो पड़ती हूँ मैं जब भी, याद मुझे ये आता है।
अवसाद के काले गहवर में दिल लुप्त हुआ है क्षण भर में।
कब तक रहेगा क्रम ये जारी, प्रश्न उठता है अंतर में।
मैं भूल गई सुख की अनुभूति पीड़ा की आँधी मुझे है छूती।
मैं क्या करूँ, मेरे प्रभु, तू क्यों नहीं मुझे बताता है?
जीवन का हर पल, हाय ! कितना मुझे रुलाता है।

ठंडी – ठंडी सी साँस है ये, सिसकी – सिसकी आवाज है ये।
हृदय का पट है बेधा हुआ, हल्का – हल्का आभास है ये।
हर एक इच्छा मजबूर है, सपनों का गाँव दूर है।
सुनाता है जब अपनी यादें, मन मेरा हकला जाता है।
जीवन का हर पल, हाय ! कितना मुझे रुलाता है।

मेरे सपनों का वो मंदिर अब हो चुका है खण्डहर।

हर एक क्षण मुझको लगता है, ये रूह हो रही है जर्जर।

कहाँ गई वो शीतल छाया, खोकर सब कुछ, कुछ न पाया।

निढाल सी क्यों हो जाती हूँ, जब प्यार से कोई बुलाता है।

जीवन का हर पल, हाय ! कितना मुझे रुलाता है।

उदासी

कफन ओढ़ाती हुई ये शाम, रुका – रुका सा हर एक काम।

गम, पीड़ा, मजबूरी, विषाद – यही है क्या जीवन का नाम?

पौधे को उखाड़ बगीचे से, डाल दिया रेगिस्ताँ में।

जड़ें हो गईं खोखली, आहिस्ता – आहिस्ता से।

गम की पोटली में, ढूँढू मैं आशा का कण।

सराबोर मैं धूल से, रोती रहूँ हर एक क्षण।

दिल के हर एक कोने में, दर्द ने कर लिया है घर।

शून्य को निहारुँ मैं, आँखो में आँसू भर – भर।

प्यार के बिछोह में, और अवसाद की गोद में,

दिल को करता है कोई घायल, उसपे गड्ढे खोद के।

चंदा की शीतल किरण नहीं, स्नेहिल अनिल का स्पर्श नहीं।

मेरे जीवन के सागर में, दुःख ही दुःख है पर हर्ष नहीं।

जब फूल सभी मुरझाए थे

चीनी की तरह खूबसूरत अश्क
        मोती की तरह बिखरने लगे।
जब गम के बड़े – बड़े टुकड़े
        बारिश की तरह ही झरने लगे।
दिल में बसे सारे सपने
        बर्फ की तरह पिघलने लगे,
जब अरमानों पे बिजली गिरी
        और वे सारे जलने लगे।
खून का सोता सूख गया
        हम गम की सड़क पे चलने लगे,
जब याद तुम्हारी आने लगी
        और वे बीते पल खलने लगे।
लोगों को पता भी क्या होगा
        क्यों दर्द वे सारे बढ़ने लगे,
जब फूल सभी मुरझाए थे
        और सारे काँटें गड़ने लगे।

जी तो रही हूँ मैं

जी तो रही हूँ मैं, पर जीना नहीं आता है।

सच बताऊँ तो इस दर्द के साथ, जीया नहीं जाता है।

बस यही सोचके देती हूँ तसल्ली दिल को

कि खोके ही कुछ जिंदगी में, कुछ पाया जाता है।

मैं तो राजी हूँ साथ देने को सबका।

पर उम्र भर कोई कहाँ, किसका साथ निभाता है?

बार – बार ये सवाल, मेरे दिल में उभरता है –

जब आता नहीं निभाना तो कोई क्यों रिश्ते बनाता है?

आधी – अधूरी मैं हूँ नहीं जीने के काबिल,

ये दर्द जो मुझे, रह – रह के खाए जाता है।

जी तो रही हूँ मैं, पर जीना नहीं आता है।

सच बताऊँ तो इस दर्द के साथ, जीया नहीं जाता है।

शाय द गमगीन अंधेरों में

आज भी ख्यालों में गुम होकर

    मैं ढूँढती हूँ खुशियों की सहर

शायद गमगीन अंधेरों में

    ज़िंदगी हो रही है ज़हर

कोई सोचे बेशकीमती ज़िंदगी

    क्यों फेंकना चाहती हूँ मौत के खण्डहर में

कोई क्या जाने गम ही गम है

    मोतियों से भरे समंदर में

यादों में घुले उस तरन्नुम को

    गा सकने के काबिल नहीं हूँ

हाँ, तुमने जो लिखी किताब है

    उसमें मैं शामिल नहीं हूँ।

मंजिल चिराग की लौ ही तो है

    और जिंदगी आस – पास का साया

वो अब है क्यों याद आने लगा

    जिसे बड़ी मशक्कत से बरसों बाद भुलाया

जोश सारा खत्म हो रहा

    बाती पे भभकती लौ भी तो बुझे जा रही है

मौत ने जीत लिया है खेल

    और डरती, सहमती ज़िंदगी झुके जा रही है।

अल्फ़ाज़ कहाँ है काफी

अल्फ़ाज़ कहाँ हैं काफी ये दर्द बताने को
आवाज़ कहाँ हैं काफी गुज़रा समय बुलाने को
इतना रोये कि सूखी नदियाँ भर गई
अब अश्क कहाँ हैं काफी आँखों से बहाने को
ले जाएँ कहाँ फरियाद, ले जाए कहाँ अरमान
है कौन भरेगा जख्म कि ये काम नहीं आसान
किसको दे वास्ता, किसको दे कसम
कोई अपना भी तो नहीं रूठा दिल मनाने को
अल्फ़ाज़ कहाँ हैं काफी ये दर्द बताने को
आढ़ी – तिरछी सी ये ज़िंदगी की राह
कोई सुनता ही नहीं इस दिल की कराह
बताएँ भी तो किसको गम – ए – ज़िंदगी
कोई मिलता ही नहीं सिले लब हँसाने को
अल्फ़ाज़ कहाँ हैं काफी ये दर्द बताने को
कैसे तलाशे मिट्टी फलक के अंजुम
और कैसे खोजे श्मशान खुशियों के तरन्नुम
वैसे मैं भी उम्मीद ढूँढ नहीं पाती हूँ
बस निराश गम है पास ज़िंदगी मिटाने को
अल्फ़ाज़ कहाँ हैं काफी ये दर्द बताने को।

मेरे साथ ही क्यों

क्यों, ये मेरे साथ ही क्यों होता है?

    कोई बहुत भीतर हिचकियाँ ले रोता है।

गलत है कहना कि कुछ खोके कुछ मिलता भी है

    इंसां पाता कम और बेइतहां खोता है।

जो सहेज रखूँ दिल में, ख्वाब मेरा बिखर जाए

    हाल – ए – ज़िंदगी पर क्यों रूह मेरी बिफर जाए

क्या पता, मौत दे भी सुकूं कि नहीं?

    भाग के ज़िंदगी से जाएँ भी तो किधर जाएँ?

आँखों की बत्तियों को बुझाकर भी तो आराम नहीं मिलता

    जितना भी सींचूँ इस पौधे को मैं, गुल दिल का नहीं खिलता

गम की गंदगी से सनी ज़िंदगी पर से

    मुद्दतों बाद भी गम का छिलका नहीं छिलता

दर्द का एहसास कोई बार – बार चुभोता है

    मेरे खारे अश्कों से कोई अपनी मुरादें धोता है

अरे ! रोए भी तो रोए कितना इंसां कोई?

    सूखा हुआ जाए अश्कों का सोता है।

पल - पल

पल – पल टूटता – बिखरता इंसान
        समय के थपेड़ों से लड़ता
आँधियों से जूझता
        अरमानों को दुःख की कुल्हाड़ी से तोड़ता
ज़िंदगी को अश्कों से जोतता
        हाय ! कितना बेबस है इंसान!
पल – पल टूटता – बिखरता इंसान
        पल – पल टूटता – बिखरता इंसान
ख्वाबों की तस्वीरों को धोता
        गम की पलंग पर हर रात सोता
चुप्प सन्नाटे में फूट – फूट रोता
        हर पल मुट्ठी से खुशियों को खोता
हाय ! सचमुच बेबस है इंसान !
        पल – पल टूटता – बिखरता इंसान
वो अंधेरे ही तो हैं जहाँ इंसां की ज़िंदगी है।
        जहाँ उसकी हर दिवा और हर निशि है
वो गम ही तो है जो उसका साथी है
        दीया तो है पर नहीं बाती है
वो हताशा ही तो है जो उसकी सच्चाई है
        कुछ यों है कि आगे कुआँ और पीछे खाई है

वो दुःख ही तो है जो उसके दिल में टहलता है
		हाँ सच है इंसां पल – पल टहलता है
जरा देखो तहस – नहस है इंसान
		हाय ! सचमुच बेबस है इंसान !
पल – पल टूटता – बिखरता इंसान।

कुछ नहीं

कुछ नहीं आँखों की धूल है ये
      सपना नहीं एक भूल है ये
जैसा भी हो मुरझाया हुआ सा
      मेरे अरमानों का फूल है ये
जीना क्या, प्यार की कमी है ये
      खुशी क्या बहेगी, जमी है ये
सूखी – सूखी सी सारी ज़िंदगी पड़ी है
      पर देखो आँखों में नमी है ये
खयालों की गहमागहमी है ये
      दिल की चहलकदमी है ये
मैं आज धूल से हूँ सराबोर
      किस्मत की बेरहमी है ये।

पानी की बूँद

टपकी एक बूँद पानी की, हाँ पानी की ही तो,
अश्कों की तो कोई कीमत होती है।
कैसे पता लगाए कोई,
क्या झूठ और क्या हकीकत होती है
कभी मुस्काए, रूठ जाए, किस्मत पेश आती है जैसी
उसकी तबीयत होती है।
दर्द देना, चूस लेना लहू जिस्म का
अरे, जमाने की तो ये आदत होती है
मासूम को सताओ, भोले को मार डालो –
दुनिया की शायद कोई कहावत होती है
नफरत की तो बड़ी बहती है नदियाँ
प्यार में लेकिन किफायत होती है
मर जाना मगर किसी के प्यार में
सच्ची वही शहादत होती है
क्यों डगमगा रही हूँ, क्यों लड़खड़ा रही हूँ
शायद हल्की सी थकावट होती है
खुशियाँ देखो मर रही हैं और मुस्का रहे हैं गम
दिल में ज़रा सी आहट होती है।

आफताब मर गया है

आफताब मर गया है
          जैसे रात हो गई है
मैं क्या थी, क्या हो गई
          मेरी शिनाख्त खो गई है
बहस उनसे मेरी
          बेबात हो गई है
कितनी बेबस सी
          ये हयात हो गई है
जैसे उड़ेला हो सीने में, दर्द किसी ने
          लगता है ऐसी ही कोई बात हो गई है
देखो कैसे कराहती है, हाय ! आहें भरके रोती हैं
          अरे ! याद आया मेरी रूह तो, अनाथ हो गई है
वे दिन हुए हवा, खुशियों को लगी नज़र है
          हाय ! किस्मत भी कैसी, जल्लाद हो गई है
की तो है कोशिश पर मुस्कान कैसे ओढ़ूँ
          चेहरे की हँसी अश्कों की, बारात हो गई है।

जिंदगी- एक गज़ल

एक दर्द भरी गज़ल है या गुमनाम कोई पल है
आँधी है या तूफां है, पतझड़ है या दलदल है
ये ज़िंदगी है क्या, कोई मुझको ये बता दे
है ये कोई जंगल था कि कोई मरूस्थल है।

बचपन

रोशनी अँगड़ाई लेती है
     चमन खिलकर मुस्काता है
लब भी थिरकने लगते हैं
     वो कल जो याद आता है
वो शाम को इधर – उधर टहलना
     हवा को पकड़ने की कोशिशें करना
अब तो आम हो गया है जैसे
     हर बात पे मेरी आँखों का भरना
वो नीम का पेड़, वो दो – चार सीढ़ियाँ
     वो मिट्टी के टीले को हर रोज ताकना
गुड़िया के घर को बनाने के लिए
     पत्थर और ईंटों को घंटो तलाशना
कैसा मज़ा आता था
     क्या बात हुआ करती थी
आज की छुई – मुई
     कभी बेबाक हुआ करती थी।

शाम का वीराना

शाम का वीराना, हवा की उदासी

पेड़ – पत्तों की मूक भाषा

और रूह की तन्हाई

कुछ खोजती सी आँखे, दर्द भरी मुस्कान

आज फिर रूह ने एक तमन्ना जलाई

आसरा ढूँढते से, काँपते से हाथ

पत्थर तले दबा सा मीठा सा एहसास

होठों पर थिरकती दर्द की कहानी

हाथों से छूटता सा पानी का गिलास

अश्कों की एक बूँद या जले लहू का कतरा

ये जीवन है चमन एक या बलि का बकरा

भूली – बिसरी सी कोई बात एक

याद करता रहता है, मेरा ज़र्रा – ज़र्रा

एक शिशु बिलखता – सा, रोता – सा तड़पता – सा

माँ की उँगली ढूँढता हुआ – सा, वो लड़खड़ाता हुआ – सा

भूख की पीड़ा से छटपटाता आदमी एक

आदमी होने की खता पर माथे को पटकता – सा

बोझिल कदम, धूमिल आशा और शायद

माथे पर अमिट सिलवटें भी हैं

हाँ सही पहचाना आपने

ये लोग सारे गिरगिटें ही हैं

भर्राये गले का हल्का स्पंदन, झुर्रियों के जाले हैं

अंतर मन में
      डगमगाते कदमों को सहारा कहाँ है
देखो कैसी बेरुखी है पवन में
      शीत जल की बूँदे मुश्किल से मिलती हैं
खून के घूँट तो रोज़ ही पीती हूँ
      जो ये कहते हैं कि हँसती रहती हूँ मैं
वो क्या जाने कि मैं कैसे जीती हूँ
      गमगीन सहर का एक स्पर्श
मन को कैसा हिला देता है
      जीवन की सच्चाई को
कितना सही बता देता है
      आँखों में तैरती विडम्बनाएँ
और दूर तक जाते निराशा के पाख
      हरे – भरे पेड़ को निर्ममता से काटा
औ' बिखर गए उसके यहाँ – वहाँ शाख
      मासूम – से चेहरे पर कैसे पड़ गए दाग देखो
अरे सूखा जा रहा है जीवन का तड़ाग देखो
      शबनम पर छा गई कैसी गर्माहट
तारों पर छाई धूल की परत
      गर कहें आहों का जलजला है ये एक
कौन कहता है मैंने कुछ कहा है गलत

शोख तितली के रंगीं पर काट लिए थे
      और, उन परों को कुछ लोगों में बाँट दिए थे
एक मासूम पशु की चमड़ी उधेड़ी
      और उससे अपना धन छाँट लिए थे
मेरी देह तो भली चंगी है
      पर इसकी जान बना दो

क्या हिमाकत की थी ये कह के, कि

   'हे प्रभु! मुझे इंसान बना दो'

वो मेरी खुशगवार ज़िंदगी का आखिरी पल

   वो मेरे बचपन के दिनों की भोली यादें

मशाल लेकर भी निकलूँ तो क्या मिल जाएँगे ये

   तलाशे भी इन्हें तो कहाँ तलाशें?

दौड़ते लहू में एक गाँठ हो जैसे

   कोई मेहनती इंसां बर्बाद हो जैसे

क्यों ज़िंदगी मुझसे लड़ती रहती है

   कि कोई पाक जिहाद हो जैसे

हयात में जड़े उन मोतियों को

   ढूँढना आसां नहीं है

क्या देखते हो घर – घर के

   ये ज़िंदगी है मेरी, कोई तमाशा नहीं है

टूटती हुई साँसो की एक कतार सी

   फैली जाती है जैसे दिल में दरार सी

आज है जो उजड़ा हुआ सा

   उस बाग में भी कभी बहार थी

कभी सूखा होता है, कभी बारिश भी होती है

   कभी उतार होता है, तो चढ़ाव भी होता है

कभी जैसे ठहर ही जाती है आयत

   तो कभी उसमें बहाव भी होता है।

चंदन की महक से सुवासित

चंदन की महक से सुवासित जीवन
धुंधली हल्की होती पीड़न
दृष्टि के विस्तार में हर क्षण
दिखता है बस प्रेम ही का वन
मधुर कौमुदी धुल – मँजाती
बिछ जाती जैसे तड़ाग पर
कुछ वैसे ही लगी थिरकने
मानस तारें किसी राग पर
गीतों की माला बन जाती
फूटता जब भी स्वर अधर से
नहला देता मन को अमी से
बहता समीर जब इधर – उधर से
नृत्य करते पल्लव जैसे
छूता जब उनको समीर है
मन आज है वैसे हँसता – गाता
शायद हर्ष का यह खमीर है
जीवन का रंगरोगन करता
प्रेम का महावर है
है आज प्रकाश खेलता मुझसे
किरणें मुझ पर न्योछावर है।

(Felt happy to show the first stage of this poem to Pragya who thinks that I'm a pessimistic writer.)

और तुम राग मल्हार हो

तुम मेरे सपनों का आधार हो
          मेरी आत्मा का आहार हो
है आग सी जलती दुनिया ये
          और तुम राग मल्हार हो
कारण हो तुम मेरी हँसी का
          गर्व हो तुम सारी जमीं का
हो रवि का तेज तुम
          और कुसुमों का हार हो
है आग सी जलती दुनिया ये
          और तुम राग मल्हार हो
हो एक किरण तुम आशा की
          हो बूँद किसी अभिलाषा की
रेगिस्तां की गरम सतह पर
          पानी की तकरार हो
है आग सी जलती दुनिया ये
          और तुम राग मल्हार हो
मेरे अधरों का गीत हो तुम
          जीवन सूखा और प्रीत हो तुम
दंत हुए हैं खट्टे जिसके
          उस हारे हुए की जीत हो तुम

मैं हूँ इक नदी यदि समझ लो
　　　तुम झर – झर बहती धर हो
है आग सी जलती दुनिया ये
　　　और तुम राग मल्हार हो।

(Missing Didi, just finished with 2nd unit Test, 2000)

नहीं उत्तर एक भी मिलता है

जीवन के एकांत क्षणों में
		मन विचारने लगता है
शिल्पकार बन दे आकार
		स्मृतियों को तारने लगता है
भोलेपन से हँस देता तो
		हकला सा कभी जाता है
गहरे सागर का रूप कभी तो
		उथला सा हो आता है
कितना विशाल यह विश्व धरा है
		पड़ती है पर कमी जगह की
दिल लोगों के सकरे – सकरे
		ये भी दिक्कत एक तरह की
तुम्हें मिलेंगे कंधे चार
		चार का भार उठाने को
नहीं मिलेगा एक भी कंधा
		दुःख हल्का करवाने को
बड़ी अजीब सी बात कहूँ क्या?
		मोल मरे इंसान का है
जीवित व्यक्ति घर की मुर्गी
		मोल कहाँ इस दाल का है
मन गोधूलि सा उदास है
		बहती नहीं है प्रीति धारा

सिकुड़ा – सिकुड़ा सा जाता है

यह फैला सा विश्व सारा
        प्रश्नों के हैं ढेर बहुत
नहीं उत्तर एक भी मिलता है
        फटे पड़े हैं हृदय के पर्दे
दर्जी एक न सिलता है।

(Missing home, feeling lonely, one more board Exam i.e. English to take, couldn't write the time being unabale to find the lost watch.)

उत्सव

कई दीपों के एक समूह का
   मन अवलोकन करता है
लगता है के खुद प्रभात
   मेरा रंगरोगन करता है
शिखरों को जो मिला रजत है
   कदमों पर बिछा जाता है
हर क्षण जैसे हृदय पटल पर
   हर्ष चित्र खिंच जाता है
है बात कोई जो आज
   हृदय में खुशियों का ताँता सा है
मधुर ध्वनि में मन विभोर है
   गीत कोई गाता सा है
दिल में छिदा हर शहर निकला
   ज़ख्मों पर लगा मलहम
राहत की कुछ लहरें दौड़ी
   आज पीर है किंचित् कम
खौफों के थे ढेर
   जरा भी लगता था न मन मेरा
हर कोई करता अपमानित
   मूर्ख, चोर, ऐरा – गैरा

पर आज खड़ी मैं वन उत्कर्ष
        सब सर ऊँचा कर देख रहे
नेत्रों की बढ़ती है त्रिज्या
        स्तुति गान हर एक कहे।

कविता

मन की भाव तरंगे कविता
  कविता जीवन दर्पन है
पावनता का तानाबाना
  जग को मन का अर्पन है
भोली आँखों का पानी है
  दुःखी हृदय की कुंठा है
पर इसको अंजान जगत में
  कौन समझता सुनता है
जो बात कही ना जा सकती हो
  कविता मुखरित करती है
जीवन की हर पीड़ा गहरी
  कैसे खुद में भरती है
मन का सारा विष इसमें है
  हर कुसुमित आशाएँ हैं
किशलय सपनों के हैं इसमें
  और कुचली इच्छाएँ हैं
अश्रु का हर एक कण जुड़कर
  कविता में ढल जाता है
कविता के बनते ही बदन में
  रुधिर नवल आ जाता है
दुःख कीट जब रक्त चूस ले
  रुधिर नवल बनकर बहना

जब प्राण पखेरू उड़ने को हों।
            हौले से कुछ कह देना
जब जग सारा ये छोड़ चले
            रहना कविता! तुम मेरे साथ
हो चाहे कलम में कम स्याही
            या बाएँ हाथ में पक्षाघात
मैं बस तेरा सृजन करती
            तू भरती मुझमें नवजीवन
है तेरे करमों पे नत मस्तक
            और उऋण कविता! ये मेरा मन।

झरे कुसुम तरूओं से

कुछ वैसा ही लगता है
        हरे – भरे संसार अरण्य में
ये कैसी नीखता है
        अधर सिल गए, मौन हो गई
प्रकृति की जिह्वा भी
        दुःख चिंता से वंचित होगा
आज धरा पे बिरला ही
        मृत्यु दण्ड ही उत्तम लगता
ये मन सविनय कहता है
        हरे – भरे संसार अरण्य में
ये कैसी नीखता है
        चिंताओं के भँवर गहरे
अब तो हो गए कर्ण बहरे
        दीप बुझा चिर आशा का
और निराशा ध्वजा लहरे
        अत्याचार करे समय
और आदमी सहता
        हरे – भरे संसार अरण्य में
ये कैसी नीखता है
        कोने में जो उगे मुकुल थे
वे सारे बड़े आकुल थे
        तिमिर ने जीता ये जग सारा

बचे जगत में कुछ अंशल थे
        पर आशा है कि दुनिया में
हर्ष नाम भी रहता है
        हरे – भरे संसार अरण्य में
ये कैसी नीखता है।

फलक भी झुककर हाथ थाम ले

फलक भी झुककर हाथ थाम ले
　　　ऐसा कुछ आज कर दो ना
मुखरित कर दो बाल हृदय के
　　　गागर में सागर भर दो ना
मत ऐसा तुम सोच चलो कि
　　　हो जाने दो जो है ना
तुम निज जीवन के हो दाता
　　　तुम्हें किस अभाव का रोना?
बल – धीरज पर टिका – टिका सा
　　　है धरती का कोना – कोना
श्रम जल की लड़ियाँ कर निर्मित
　　　है तुमको कठिनाई धोना
तुम्हें परिश्रम ना भाएगा
　　　मन विलास गीत गाएगा
पर रखना तुम याद पथिक कि
　　　पाने को तो होगा खोना
लोग तुम्हें हताश करेंगे
　　　तेरे श्रम पर हास करेंगे
पर रहना तुम प्रस्तर सा जड़
　　　लेश – मात्र भी उमंग ना खोना
आशाओं के पुष्प सूखे
　　　और रह गए लक्ष्य भूखे

पर रख आशा कि होगा सच
            तिमिर में देखा स्वप्न सलोना
जब सफल सोपान टूटा
            आशाओं का कलश फूटा
पर बिन हारे जो हो जीता
            कौन है ऐसा तुम्हीं कहो ना।

बसंत और पतझड़

है तेरा वजूद ही क्या?

बसंत से कहता पतझड़ है

मुझ पर टिका अस्तित्व तेरा

तू इठलाता क्यों कर है

मेरा त्याग है तेरा यौवन

मेरे अश्रु तेरा स्मित

तनती छाती तेरी क्योंकि

डर मेरा होता जर्जर है

मुझ पर टिका अस्तित्व तेरा

तू इठलाता क्यों कर है

मैंने अपने खिले प्रसून

सदा ही तुझ पर न्योछारे हैं

तेरे आँगन को सँवारने मेरे पल्लव भी हारे हैं

तेरी खुशियों का कारण मुझे बेधता हर शर है

मुझ पर टिका अस्तित्व तेरा

तू इठलाता क्यों कर है

मेरी तपिश में ही जलकर तेरी स्निग्धा आनंद दे

तेरी प्रखर लौ जलती है मेरे ही तो आनन पे

बस इक केवल तुझे हंसाने

मेरे मोती झर – झर हैं

मुझ पर टिका अस्तित्व तेरा

तू इठलाता क्यों कर है।

प्रदीपो!

ओ प्रदीपो! जाग जाओ

      बातियाँ गन गई अंजन

तेल अब ना रहा कंचन

      हो रहा आलोक मद्धिम

किंतु तुम नव राग गाओ

      ओ प्रदीपो! जाग जाओ

तमसा आँचल बखेरे

      है खड़ी वो द्वार घेरे

फिर भी प्रिये! आलोक कुसुम से

      खींच तुम पराग लाओ

ओ प्रदीपो! जाग जाओ

      हो निशा के तुम दिवाकर

और तिमिर के प्रभाकर

      कर ज्वलित जो दे तरंगे

वो कहीं से आग लाओ

      ओ प्रदीपो! जाग जाओ

जिसका करे मंडन अमीकर, है नहीं ये रात वैसी

      घृत कहाँ से मैं मँगाऊं, है नहीं बिसात ऐसी

तुम समझ मेरी स्थिति

      मेरा अश्रु तड़ाग पाओ

ओ प्रदीपो! जाग जाओ

      क्या कहूँ? कहता रवि का अहंकार

न करेगा वो रजन का अलंकार
दुःख बदर से घिरे क्षण में

अह्लाद अनुराग लाओ
ओ प्रदीपो! जाग जाओ
आस्था तुम पर टिकी है
रेख रूपहली दिखी है
तुम न बुझना प्राणा मेरे
इच्छाएँ सारी बुझी है
शूल चरणों पर बिछे हैं
तुम कहीं से माघ लाओ
ओ प्रदीपो! जाग जाओ
दीन गेरू के बने, रवि तेज को पाते नहीं
किंतु अहंकार पूर्ण गीत तो गाते नहीं
है यही कारण कि तुम मेरे हृदय के हो निकट
मावस में ज्योति पिंड तो आते नहीं
है बड़ा बेरंग मौसम
तुम कहीं से फाग लाओ
ओ प्रदीपो! जाग जाओ।

सीख

तुम जीवन के हर क्षण से कुछ सीख अवश्य मानव लेना
         जाते–जाते कुछ अपना ही अंश जगत को दे देना
तुम कब जन्मे और कब गुज़रे, लोगों को मालूम न हो
         है मेरी विनती कि ऐसी नौबत न आने देना
पर्णमणि की हरियाली से हर प्रस्तर पर निज नाम लिखो
         कस्तुरी सुवास लेकर सम्पूर्ण जगत में खिलो फलो
नभ विराट भी गाए गान और धरा गख से ममताए
         सम्भव कर असम्भव को लोगों में विस्मय भर देना
जाते–जाते कुछ अपना ही अंश जगत को दे देना
         जब – जब जीवन सिंचा रुधिर से तब – तब उस
पर फूल खिले
बजा सफलता शंख तभी जब राहों में शूल मिले
         तन से देख पसीना बहता हे मानव न घबराना
लगे शिखर कुछ ऊँचा तुमको, अपना खूँ भी देना
         जाते – जाते कुछ अपना ही अंश जगत को दे देना
चाहे मुक्ता की चाहत में तुमको पत्थर हाथ लगे
         या शिखर चढ़ने की धुन में तेरी काया साथ न दे
अधरों पर चिर स्मिता सजाकर जीवन की वेदना सहना
         तन को सुख देकर हे मानव मन को धोखा मत देना
जाते – जाते कुछ अपना ही अंश जगत को दे देना
         बढ़ना तुम राहू अगम्य पर चाहे सारे मना करें
तुम पर हंसकर ताने कसकर बड़े शान से तना करें

बनो सिंह तुम लोमड़ियों की धूर्त सलाहें मत लेना
जाते – जाते कुछ अपना ही अंश जगत को दे देना
सूरज से हौले से कहना कि तू भी तेजस्वी है
उसका है बस राज दिवा में बस इतनी सी शक्ति है
अपनी किरण लड़ी बिछाकर उसका अहं छितरा देना
जाते – जाते कुछ अपना ही अंश जगत को दे देना।

दीप की भभकती लौ

दीप की हूँ लौ भभकती, मरता प्रकाश हूँ
    मैं किसी पराजित नृप का आहत रुआब हूँ
दम तोड़ते मनुष्य की अस्फुट पुकार
    मैं किसी उजड़े चमन का मुर्छित गुलाब हूँ
मैं किसी पराजित नृप का आहत रुआब हूँ
    क्या कभी मोती है देखा
और देखा क्या रजत है
    क्या है देखी कभी शबनम
और देखा क्या बदर है
    गर ना, तो मेरे नेत्र देखो
कल्पना के तीर फेंको
    ये मेरे दो सीपसुत सदन हैं
पिछली चाँदी के गगन हैं
    है तरल कुछ ओस से
झरते बदर से अफसोस है
    गुमनाम कब्र पर चढ़ा खिलता पलाश हूँ
मैं किसी उजड़े चमन का मुर्छित गुलाब हूँ
    बैठ के लिख डालो सूची
अभाव के कितने प्रकार
    और ये भी बताना
कौन सबसे खतरनाक
    है पता सब ये कहेंगे –

''धन की कमी कभी न हो
          बेनसीब होते बड़े हैं
निर्धन, तुम तो खुश रहो
          उदर पोषण हो रहा
कपड़े चकाचक डाटती हो
          मोती सरीखे दाँत है
उनसे मिठाई काटती हो''
          लेकिन बुलंद आवाज में
उनको बताना चाहती हूँ –
          ''कुछ कमी, कहीं तो है
इसलिए कराहती हूँ
          धन – कोष खत्म हो जाए तो
जीवन खत्म नहीं होता
          लेकिन आशा के बुझने से
सूखता है रक्त का सोता''
          मैं किसी अभाव की बेबस शिकार हूँ।
मैं किसी उजड़े चमन का मुर्च्छित गुलाब हूँ।

गुलाबी ऐनक

मैं अकेली चल पड़ी
अंजान पथ, मुश्किल डगर
इक हाथ में ले मानचित्र
दूजी हथेली में ज़हर
चिलचिलाती धूप में भी
देह काली हो रही
बोझिल कदम थे और मेरी
ताकत कहीं थी खो रही
''बस अब नहीं,'' मन ने कहा,
''अरे! धूप कुछ तो कम लगे।''
जो चढ़ाए ऐनक गुलाबी,
हर पल लगी छाया गले।
गंतव्य था मेरा 'शहर' –
अंजन चेहरे, अज्ञात भय
सैकड़ो की भीड़ में
थी अकेलेपन की लय
जाती जहाँ, नज़रें विरोधी
नेत्र मेरे चूमती थीं
पथ पर बिछा काँटे अनेक
मस्त होकर झूमती थीं
अनगिनत चेहरे पराए
एक न अपना लगा

जो चढ़ाए ऐनक गुलाबी,
        जो दिखा, अपना दिखा।

जिंदगी! तुम दुःख होना?
        खण्डहर का धूमिल कोना,
आँखो का जब – तब नम होना,
        अवसाद का गमगीन बिछोना,
जिंदगी! तुम दुःख होना?

कुचला हुआ अरमान सलोना
        कुछ ना पाकर सब कुछ खोना,
मुँह से हँसना मन से रोना
        जिंदगी! तुम दुःख होना?

अरमान

अरमानों का कत्ल कैसे करूँ
    कैसे मिटाऊँ निशाँ उनके
उनके हुई काबू में मैं
    बड़े प्यार से उन्हें बुनके।
दोष मढ़ो न मुझपे तुम
    भोले दिल ने थे अनगिनत बुने
कुछ उसकी खुद की रचना थी
    कुछ इधर – उधर से कहे सुने
दिल का चैन सुकूँ मेरा
    अरमानों ने है छीन लिया
गलती मेरी, मेरे दिल की
    थी ये कि इनपे यकीन किया।

इंतज़ार

आ जाओ,

      कि इंतज़ार है तुम्हारा

ये दिन ये रात खाली हैं

      और खाली है दिल भी

इस खालीपन को भर दो

      अपने वजूद से, अपनी महक से

मंदिर का दीया भी बुझा – बुझा सा है

      जब देव ही नहीं तो पूजा कैसी

और माली नहीं तो बगिया कैसी

      सुनो ज़रा इस दिल के शोर को

और देखो गौर से इन अंखियों के कोर को

      दिखेगी तुम्हें एक तड़प ज़िंदा

और अश्कों का बेहिसाब पुलिंदा

      तुम, सिर्फ तुम ही सुलसा सकते हो

मन की इन गाँठों को

      और निकल सकते हो रूह में लगे हज़ारों काँटों को

कहोगे, तो तुम्हें नहीं बुलाऊँगी

      आहें भरते – भरते यूँ ही मर जाऊँगी

रहम खाकर मगर इक बार तो आ जाना

      मरते – मरते मुझे ये यकीन दिला जाना

कि मेरी चिता में आग तुम्हारे हाथ ही देंगे।

ये दिन जुदाई के

बर्फीले, सर्द,
　　　लंबे, बेदर्द
ये दिन जुदाई के, जग हंसाई के
　　　कोड़े बरसाते,
हर पल तरसाते
　　　सूखे, जर्द
ये दिन जुदाई के, बेदम रूलाई के
　　　सूने, वीरान,
हैरान, परेशान
　　　किसके हमदर्द?
ये दिन जुदाई के, लुक छिपाई के
　　　सुबकते पंछी,
गलियाँ अंधी
　　　हरे दर्द
ये दिन जुदाई के, बैरी विदाई के।

तारे गिनने हैं

दो घड़ी रुक जाओ
 साथ बैठो, तारे गिनने हैं
सुबह हो जाए तो चले जाना
 लोगों को अपनी दास्ताँ सुनाना
अभी तो आकाश सुरमई है
 खुशबू भीनी चंपई है
हमें मिलके सपने बुनने हैं
 बेला सुहानी है, अंधेरे प्यारे हैं
अमृत बरसाते ये नन्हें तारे हैं
 कहाँ जाओगे ये जन्नत छोड़कर
ये चाँद, ये ताल सभी तुम्हारे हैं
 बुन हुए सपनों में जो साकार हो सकें
दो घड़ी रुक जाओ
 साथ बैठो, तारे गिनने हैं।

मेरे हिस्से की धूप

मेरे हिस्से की धूप
      मेरे हिस्से का आसमान
मेरे सपनों का घरौंदा
      कल्पना की उड़ान
कहती है धीरज रखने को
      बस अब है सूरज उगने को
कुछ मेहनत की पूँजी लगनी है
      और किस्मत की कूँजी मिलनी है
धूप भी मिलेगी, आसमान भी मिलेगा
      सपनों के घरौंदे का फूल भी खिलेगा
जिसने श्रम का दान दिया है
      टुकड़ा – टुकड़ा आसमान सिया है
सपना वो ही सच होता है
      जिसमें धड़कती जान हो
हो चाहे बस मुट्ठी भर धूप
      या इक टुकड़ा आसमान हो।

अंदाज़-ए-इश्क

आज हवा आशिकाना बहुत है
        रंगीन मिजाज की उसके खबर तो है
वो रूठ के यूँ ही चले गए पर,
        कदरदान की मुझपे नज़र तो है
तिश्नगी यूँ थी कि बुझ रही नहीं थी पर
        आज कुछ आब–ए–रहमत का असर तो है
वो माने नहीं लाए मनाने पर भी
        अंदाज़–ए–इश्क में मेरे कुछ कसर तो है।

खाली हाथ

रह गया यहीं कहीं
		मुझसे फिर भी मिला नहीं

जब आया खाल हाथ ही आया
		वक्त का सिला नहीं।

दिल बिखर गया

हाँ, ये तो है कि दिल बिखर गया है

    देख के ज़िंदगी और तुम्हारे सितम, सहम गया है, सिहर गया है

जानता नहीं जमाने का हाल, इस्तेमाल ही हुआ, मासूम ये जिधर गया है

    बेशकीमती था, नायाब था जो

कोहिनूर वो आज सिफर हुआ है

    अब न आएगा, लौटकर वो

वही बदनसीब, महफिल में जिसका ज़िक्र हुआ है।

अपनी तस्वीर

सजा ली है मैंने अपनी एक तस्वीर

      अपनी कलम, अपनी स्याही, अपना तकदीर

गाफिल सी रही, अंजान सी

      ऊपर वाले कदरदान की

अब जाके आँखें खुली

      मिल गई राँझे की हीर

सोया हुआ था जो उत्साह

      अब जग उठा अधीर

मौन हो गई असफलता

      जो फैला उल्लास नीर

बेरंग थी, नीरस भी

      पर अब कहानी में रस है

लगा लिया ललाट पे

      मैंने प्रेम अबीर।

इस दुनिया से दूर कहीं

चलो चले, अब मन नहीं लगता
दिल की बातें कोई न समझता
जगह कम लगती है दिलों में यहाँ
पराया ही समझा मुझे, गया जहाँ – जहाँ
गैर हैं हम तो वो ही सही
खुश रह लेंगे हम फिर
इस दुनिया से दूर कहीं.............।

उलझन

उलझनों के मेले में रही
        सैकड़ो की भीड़ में अकेले रही
किस्मत से छुपन छुपाई तो
        कभी कंचे खेले कहीं
उसकी रहमत तो क्या होती
        उसके सितम झेल कई।

चाहतों से दूर

तुमने चाहतों से दूर धकेला मुझे
          और छोड़ दिया अकेला मुझे
छोटे बच्चे सी रोती रही पत्थर के सामने
          वही थमा दिया टूटे अरमानों का रेला मुझे
ये तकलीफ झेलती रही हमेशा से मैं,
          कोई दुःख नहीं नया नवेला मुझे
कहाँ भेज दिया अन्जानों के बीच में
          नहीं भाता ये मेला मुझे।

कुछ करना चाहती हूँ

बहुत कुछ करना चाहती हूँ
        खाली ही रह गया खुशियों का प्याला
खालीपन को भरना चाहती हूँ
        बहुत देख लिया ज़माने का फितूर, ज़माने से अब न
डरना चाहती हूँ।
उसे पाने की अब तो हसरत ही ना रही फिर भी
        पुरानी उस गली से गुज़रना चाहती हूँ
अरसे से कुछ – कुछ बिगड़ी सी थी मैं
        पर अब कायदे से सुधरना चाहती हूँ
सलीके से अब रह लिए बहुत
        खुले आसमान में पर अब मचलना चाहती हूँ
बहुत कुछ करना चाहती हूँ।

तुम्हें

मैंने तुम्हें बहुत पास से देखा है

नज़रें कुछ खास से देखा है

मेरे हो जाओ, मेरे ही रहो

सपना एक बड़ी आस से देखा है

ज़ाहिर ना करो, कोई बात नहीं

मैंने तुम्हें प्यार के लिबास में देखा है

हो नज़दीक तो सुकूं सा है

वरना कई मरतबा तुम्हें इश्क की प्यास में देखा है

बेहद ज़रूरी हो अब तुम मेरे लिए

मैंने तुम्हें अपनी सांस में देखा है।

इक तरफा प्यार

आज कुछ लिखा नहीं
            या शायद मुझे कुछ दिखा नहीं
बेकार सा था सहारा उसका
            आंधी तूफान में टिका नहीं
जिद्दी बहुत था अपने धुन का
            लाख मनाया, रुका नहीं
प्यार की लहरें तो बेहिसाब थीं उसमें
            दिल मेरा फिर भी कुछ कह सका नहीं, जुनून था या
पागलपन,
जताते रहा इकतरफा प्यार............... थका नहीं।

तुम्हारा एक पल

दे न सके एक पल मुझे
    क्या खाक दोगे अपना कल मुझे?
कुछ सुनोगे, कुछ कहोगे भी
    या छोड़ दोगे यूं ही बेकल मुझे?
चैन से रह न सकूंगी अब
    क्या पता सुकून मिलेगा कब?
इक मुस्कान तो चेहरे पे होती थी अब तक
    पर अब लगता है दोगे बदल मुझे।

कोई सपना

चलो कोई सपना देखें
    अनजानों की भीड़ में अपना देखें

मुतमइन नहीं मैं, तिशनगी अभी भी है
    क्यूं सबकी खुशी में अपना तड़पना देखें?

www.ingramcontent.com/pod-product-compliance
Lightning Source LLC
La Vergne TN
LVHW010651200726
843507LV00011B/1822